EDIT
DU ROY,

ET TARIF ARRESTE'
au Conseil Royal des
Finances.

Au mois de May 1690.

Servant de Reglement pour les
Salaires & Droits

DES PROCUREURS

DU CHASTELET

DE PARIS.

EDIT DU ROY,

ET TARIF ARRESTE'
au Conseil Royal des Finances
au mois de May 1690.

Servans de Reglement pour les salai-
res & droits des Procureurs du
Chaſtelet de Paris.

LOUIS par la grace de Dieu, Roy
de France & de Navarre : A tous
preſens & à venir, SALUT ; Par nô-
tre Edit du mois de Novembre 1689. portant creation des Offices de Tiers Refe-
rendaires Taxateurs de dépens, Nous
avons ordonné qu'ils ſeroient exercez
au Chaſtelet de noſtre bonne Ville de
Paris par vingt Officiers, qui auroient
le pouvoir de poſtuler de même que les
Procureurs dudit Chaſtelet : mais les
Commiſſaires audit Chaſtelet Nous
ayant fait repreſenter qu'ils eſtoient en
poſſeſſion de taxer les dépens auparavant
l'Edit du mois de Decembre 1635. par lequel il auroit eſté créé des Offices de

Tiers-Referendaires , defquels ils auroient efté pourvûs, Nous avons refolu
de les y maintenir. A l'égard de la faculté
de poftuler attribuée aufdites Charges ,
la Communauté des Procureurs audit
Chaftelet Nous ont reprefenté, que fi les
vingt Offices fubfiftoient , ce feroit une
augmentation de vingt Procureurs dans
leur Communauté,qui eft déja fort nom-
breufe & plus que fuffifante pour le fervice , & fupplié tres-humblement de
vouloir fupprimer lefdits vingt Offices
créez par ledit Edit du mois de Novembre dernier , les confirmer dans toutes
leurs fonctions , lever la fixation des
Offices dont ils font pourvûs , & leur
permettre d'en difpofer & de leurs Prati-
ques , ainfi qu'ils faifoient auparavant
l'Arreft de noftre Confeil du 13. Decembre 1687. & de regler les droits & falaires qu'ils percevront , par un Tarif qui
fera attaché fous le contrefcel des Prefentes; Comme auffi d'attribuer la con-
noiffance des affaires qu'ils pourront
avoir , tant en demandant qu'en défendant, audit Chaftelet, afin qu'ils ne puif-
fent eftre détournez du fervice qu'ils y
doivent rendre affidûment , offrant de
payer comptant és mains du Garde du

Trefor Royal la fomme de cent vingt
mille livres, qui leur tiendra lieu d'augmentation de finance, & que les particuliers qui leur prefteront ladite fomme auront privilege & préference fur leurfdits
Offices ; lefquelles offres Nous avons
bien voulu accepter. A ces causes,
& autres à ce Nous mouvans, de l'avis
de noftre Confeil, qui a vû lefdits Edits,
Declarations & Arrefts, & le Tarif des
droits & falaires des Procureurs au Chaftelet, ce jourd'huy arrefté en noftre
Confeil, cy attaché fous le contrefcel de
noftre Chancellerie, & de noftre certai-
ne fcience, pleine puiffance & autorité
Royale, Nous avons par ces Prefentes
dit, ftatué & ordonné, difons, ftatuons
& ordonnons, voulons & Nous plaift,
que lefdits Offices de Tiers-Referendaires créez par noftre Edit du mois de Novembre dernier audit Chaftelet, avec
pouvoir de poftuler, demeurent éteints
& fupprimez, fans pouvoir eftre rétablis
pour quelque caufe, pretexte & occafion
que ce foit. Permettons à la Communauté des Procureurs audit Chaftelet, de
difpofer des Offices dont ils font pour-
veus & de leur Pratique, comme ils faifoient auparavant l'Arreft de noftre Con-

feil du 13. Decembre 1687. Voulons qu'ils joüiſſent des droits & ſalaires contenus au Tarif attaché ſous le contreſcel de noſtre Chanceſerie ; & que la connoiſſance des affaires civiles qu'ils auront, ſoit en demandant ou défendant, ſoient jugés en premiere inſtance par noſtre Prevoſt de Paris, ou ſon Lieutenant Civil, auquel Nous en attribuons la connoiſſance en premiere inſtance, & par appel en noſtre Parlement de Paris, à la charge par la Communauté deſdits Procureurs, de payer comptant és mains du Garde de noſtre Treſor Royal la ſomme de cent vingt mille livres, qui leur tiendra lieu d'augmentation de finance, dont l'emprunt ſera fait des particuliers qui auront privilege & preference ſur leſdits Offices de Procureurs. SI DONNONS EN MANDEMENT à nos amez & feaux Conſeillers les gens tenans noſtre Cour de Parlement de Paris, que ces preſentes ils ayent à faire regiſtrer, & le contenu en icelles garder & obſerver de point en point, ſelon ſa forme & teneur, ceſſant & faiſant ceſſer tous troubles & empeſchemens, nonobſtant tous Edits, Declarations, Arreſts & Reglemens à ce contraires, auſquels Nous avons déro-

5

gé & dérogeons par ces presentes ; Car
tel est nostre plaisir : Et afin que ce soit
chose ferme & stable à toûjours. Nous y
avons fait mettre nostre scel. Donne'
à Versailles au mois de May l'an de grace 1690. & de nostre regne le quarante-
septiéme. Signé, LOUIS. *Et plus bas,*
Par le Roy, COLBERT, & scellé du
grand sceau de cire verte.

Registré, ouy & ce requerant le Procu-
reur General du Roy, pour estre executé
selon sa forme & teneur, & copie colla-
tionnée envoyée au Chastelet de Paris ,
pour y estre lüe, publiée & registrée : en-
joint au Substitut dudit Procureur Gene-
ral de tenir la main à son execution, &
d'en certifier la Cour dans trois jours , sui-
vant l'Arrest de ce jour. A Paris en Par-
lement le 5. Juin 1690. Signé, DU TILLET.

TARIF DES SALAIRES
des Procureurs au Chastelet, que
le Roy veut estre executé.

ARTICLE PREMIER.

EN toutes demandes principales & incidentes & des appellations relevées

au Chaſtelet , ſera taxé pour droit de Conſeil , 30 ſ.

II. Sur les demandes formées par Requeſte verbale ou autrement, pour avoir communication ou rendre des pieces , pour ſatisfaire ou faute d'avoir ſatisfait aux Sentences diffinitives ou preparatoires , ou pour autres incidens concernant la procedure , ne ſera taxé aucun droit de Conſeil.

III. Pour le Memoire des Exploits de demande qui ſe donneront au Parc Civil ou au Preſidial en matiere perſonnelle, ſera taxé 5 ſ.

IV. Pour le Memoire des Exploits en matiere réelle , & demande en ſommation de garantie de quelque grandeur que ſoit l'Exploit, ſera taxé, 10 ſ.

V. Sera taxé deux ſols ſix deniers au Procureur du défendeur pour ſe preſenter.

VI. Les faits & articles qui ſeront ſignifiez ſeront payez au Procureur à raiſon d'un ſol par article , dont il ne ſera fait aucune taxe ſuivant l'Ordonnance, mais le Procureur s'en fera payer par la partie comme de ſalaires extraordinaires.

VII. Pour les Requeſtes qui ſeront preſentées au Lieutenant Civil ſera taxé vingt ſols de quelque grandeur qu'elles puiſſent eſtre , auquel cas ne ſera taxé aucun droit de memoire pour Exploit.

VIII. Pour les défenſes & repliques ſera taxé dix ſols, lors qu'elles ne contiendront qu'un rôlle , & ſi elles en contiennent davantage ſera taxé à raiſon de dix ſols du rôlle en petit papier , qui contiendra vingt-deux lignes à la page, & quinze ſyllabes à la ligne, & la moitié pour la copie ; mais il ne ſera fait aucune taxe pour les dupliques, tripliques, & autres ſemblables écritures abrogées par l'article 3. du titre 14. de l'Ordonnance du mois d'Avril 1667.

IX. Pour les copies de titres & pieces qui ſeront fournies avec l'Exploit de demande, ou en fourniſſant de défenſes & demandes incidentes , Sommations & contre-Sommations elles ſeront taxées à raiſon de deux ſols ſix deniers de chacun rôlle des titres dont ſera donné copie, pourvû que le rôlle du titre contienne vingt-deux lignes à la page , & quinze ſyllabes à la ligne. Et lors que les originaux des titres ne ſeront pas repreſentez, ou que les rôlles ſeront plus ou moins grands, la taxe en ſera faite à proportion par eſtimation,

X. Pour l'original d'un avenir sera taxé au Procureur deux sols six deniers, moitié pour la copie.

XI. Il ne sera taxé en toutes Instances que quatre avenirs, & lors qu'il y aura des demandes incidentes, six avenirs au plus.

XII. Le Procureur du défendeur en simple saisie & arrest n'aura pour tous frais que trois livres, quoy qu'il soit debiteur par differens titres, jusques & compris la journée & audience pour obtenir la Sentence diffinitive ou autre Reglement, & pour chaque instance de saisie & arrest; & s'il est necessaire que le défendeur donne des copies de pieces, elles seront taxées à raison de deux sols six deniers du rôlle du titre, comme cy-dessus.

XIII. Le Procureur du demandeur en saisie & arrest sur plusieurs locataires ou sous-locataires d'une mesme maison n'auront qu'un droit de Conseil, quoyque les Exploits soient faits en differens jours, & quarante sols pour chaque instance de saisie & arrest, jusques & compris la journée de l'Audience pour obtenir Sentence diffinitive ou autre Reglement.

XIV. Sera taxé au Procureur qui plaidera

dera fans miniftere d'Avocat une Caufe au Parc-Civil, ou Prefidial pour obtenir un jugement diffinitif, quinze fols pour l'Audience, & deux fols fix deniers pour la journée, & pareil droit au Procureur du défendeur; & à l'égard de toutes les autres Caufes qui fe plaideront au Parc-Civil, Prefidial, criées ordinaires, Chambre Civile de Police & Criminelle, ne fera taxé que dix fols pour l'Audience, & deux fols fix deniers pour la journée, foit qu'ils les plaident eux-mêmes, ou qu'ils fe fervent de miniftere d'un Avocat.

XV. Toutes demandes, défenfes & pieces dont copies doivent eftre données fuivant l'Ordonnance avec les demandes & défenfes, offres & requeftes verbales, actes de fommations de produire, requefte de contredits, falvations, & autres inftructions, feront fignifiées par les Audienciers aux Procureurs; & où il n'y aura qu'une fimple communication de pieces, elles pourront eftre données par baillées; pourquoy fera taxé deux fols fix deniers pour la journée du Procureur, & les copies de pieces de mefme que deffus.

X V I. Pour dreffer les qualitez d'une

Sentence d'Audience sera taxé cinq sols pour la minutte, & moitié pour la copie qui sera signifiée, lequel droit sera donné à celuy qui levera la Sentence, & si plusieurs levent la Sentence les qualitez ne seront taxées qu'à celuy qui les aura le premier fait signifier; & où elles seront signifiées le mesme jour, elles seront passées à celuy qui aura obtenu à ses fins, le tout à la charge que s'il survient quelque contestation sur lesdites qualitez, il ne sera rien taxé aux Procureurs, soit pour journée ou autrement, pour les faire regler.

XVII. Pour les copies qui seront signifiées des Sentences d'Audience sera taxé deux sols six deniers du rôlle de la grosse, qui contiendra vingt-deux lignes & quinze syllabes à la ligne suivant l'Ordonnance.

XVIII. Sera taxé aux Procureurs trente sols pour la vacation, lors de la comparution sur le procés verbal de la confection de l'enqueste.

XIX. Aux Causes de la Chambre Civile il ne sera taxé aucun droit de Conseil ny de presentation.

XX. Les dépens de chaque instance de la Chambre Civile à l'égard du demandeur feront liquidez à trois livres, s'il obtient à fes fins, & quarante fols pour le défendeur lors qu'il fera déchargé de la demande, en ce non compris la groffe de la Sentence, les frais de faifie & execution de meubles, de faifie par forme de gagerie, & les frais qui fe font en execution des Sentences, à moins que par la Sentence du Lieutenant Civil il ne les ait liquidez à plus grande fomme.

XXI. Sera taxé deux fols fix deniers pour la journée du Procureur qui fera délivrer le défaut par le Greffier des défauts.

XXII. Pour les conclufions dreffées pour obtenir la Sentence fur le défaut, 10. fols.

XXIII. Pour la journée du Procureur qui levera la Sentence fur ledit défaut,   5. f.

XXIV. Pour la copie de la Sentence par défaut faute de comparoir lors qu'elle fera fignifiée, cinq fols de quelque grandeur qu'elle puiffe eftre.

XXV. Les reconnoiffances des écritures & fignatures privées fe feront à l'Audience de l'Ordinaire au Parc Civil, fuivant l'Edit du mois de Decembre 1684.   B ij

XXVI. Les vacations aux Scellez, Inventaires, Comptes & Partages seront de trois heures, & sera taxé au Procureur cinq livres pour chacune vacation suivant l'Arrest du Conseil du premier Juin 1676.

XXVII. Sera taxé aux Procureurs du rendant pour avoir mis les pieces par ordre, dressé la minutte du Compte, & fourny deux grosses du Compte, dont chaque rôlle contiendra deux pages de papier à dix-huit deniers la feüille, chaque page de vingt-deux lignes, & à chaque ligne huit syllabes, à raison de cent sols pour chacun cahier de l'une & de l'autre des grosses pour le droit des Commissaires, cent sols du cahier de la tierce copie, lequel cahier sera composé de seize rôlles remplis, comme cy-dessus.

XXVIII. Ne seront transcrites autres pieces que la commission du rendant, l'acte de tutelle & l'extrait du jugement qni condamne à rendre le Compte suivant l'Ordonnance.

XXIX. Pour les Referez qui se feront au Lieutenant Civil hors la vacation sera taxé au Procureur, 3. l.

XXX. Pour les comparutions qui se

feront à l'Hoſtel du Lieutenant Civil aux termes du Reglement du mois de Janvier 1685. ſera taxé au Procureur, ſçavoir trois livres pour les comparutions contradictoires, & quarante ſols lors qu'elles ſeront par défaut.

XXXI. L'inventaire de production ſera dreſſé par le Procureur, dans lequel les remontrances pourront eſtre compriſes au préambule, auquel cas ne ſera taxé aucunes remontrances ſeparées ; & en cas que les remontrances ſe faſſent ſeparément, ne ſera fait aucun préambule dans l'Inventaire, lequel audit cas ſera retranché, pour lequel Inventaire ſera taxé pour rôlle contenant la page vingt-deux lignes, & quinze ſyllabes à la ligne, dix ſols du rôlle, & le quart pour la copie.

XXXII. Pour les remontrances & avertiſſemens, requeſte d'employ, & autres écritures qui ſeront faites par les Procureurs, ſera taxé comme pour les Inventaires de production, dix ſols du rôlle remply comme deſſus, & le quart pour la copie.

XXXIII. Pour les écritures qui ſeront faites par les Avocats plaidans actuellement au Chaſtelet ou au Palais,

sera taxé pour rôlle de grand papier
contenant vingt-deux lignes à la page,
& quinze syllabes à la ligne, vingt sols,
le tiers pour la copie, & le dixiéme pour
le droit de revision, & outre ce, cinq
sols pour rôlle de la grosse au Clerc de
l'Avocat.

XXXIV Pour la journée du produit
du Greffe sera taxé au Procureur cinq
sols, & à celuy qui fera prononcer la
Sentence,   5. s.

XXXV. Pour avoir pris communication des procez par les mains des Rap-
porteurs, quelque nombre de sacs qu'il
y ait,   3. l.

XXXVI. Pour les copies des Sentences renduës sur productions des parties
qui seront signifiées, sera taxé deux sols
six deniers du rôlle de la grosse, écrite
& remplie comme dessus.

XXXVII. Pour la remise des sacs a-
prés le procez jugé, trois livres au plus,
quelque nombre de sacs qu'il y ait.

XXXVIII. Lors qu'il s'agira de taxer
les dépens, la declaration sera signifiée
sans donner de nouveau copie de la Sentence, en cas qu'elle ait esté signifiée,
& sera permis à celuy qui doit les dépens de faire les offres suivant l'Ordon-

...nance, sans aucun droit d'assistance au
...l Procureur, en cas que les offres soient
...acceptées ou que les dépens soient
...payez volontairement par la partie, sans
...avoir esté signée par les Procureurs.

XXXIX. Le droit du poursuivant la
taxe sera d'un sol pour chacun des articles bons, & la moitié pour la copie
de la declaration, & le droit de chacun
des Procureurs pour l'assistance, un sol
pour chacun des articles bons, à la
charge d'accoller tous les articles qui le
doivent estre suivant l'Ordonnance,
lesquels articles accollez ne passeront
que pour un.

XL. Ne sera taxé aucun droit de Conseil pour faire une saisie réelle.

XLI. Ne sera rien taxé au Procureur
pour porter la saisie réelle, & la retirer
du Commissaire aux saisies réelles, n'é-
tant de son Office.

XLII. Pour un original d'affiches qui
contiendra deux rôlles en minutte à
vingt deux lignes chaque page, & quinze syllabes à la ligne, sera taxé vingt
sols; & s'il y a plus ou moins de rôlles,
sera la taxe augmentée ou diminuée à
proportion, & donné moitié de l'original pour chaque copie.

B iiij

XLIII. Pour l'acte pour declarer à la partie saisie qu'il sera procedé aux criées, ainsi que pour celuy par lequel l'on dénonce qu'il a esté apposé affiches à la quinzaine, sera taxé au Procureur cinq sols, & pour la copie moitié.

XLIV. Pour voir les criées & les porter & retirer des mains du certificateur, 3. l.

XLV. Pour la Sentence de certification, sera taxé cinq sols pour la journée du Procureur.

XLVI. A l'égard des oppositions formées à charge ou à fin de distraire ou d'annuller pendant la poursuite des criées, lors que les Causes seront en état d'estre portées à l'Audience, le poursuivant criées fera signifier un avenir, qui contiendra declaration que l'opposant poursuit l'Audience, ou qu'elle sera pou suivie par le poursuivant de jour à autre, & ne sera passé en taxe que trois avenirs, pour raison desquelles instances au surplus, la taxe se fera comme des autres instances, ainsi qu'il est dit cy-dessus.

XLVII. Pour les autres oppositions, afin de conserver en decret forcé, elles ne seront dénoncées aux parties saisies, ny à aucun des oppofans.

XLVIII. Et en decret volontaire les oppofitions pour conferver ne feront dénoncées qu'au vendeur feulement.

XLIX. Pour lefquelles oppofitions, afin de conferver, ne fera taxé au Procureur pourfuivant criées, pour tous frais & procedures fur les oppofitions & fignifications des Sentences, jufques à l'adjudication inclufivement, que cent fols aux decrets volontaires, & quatre livres aux decrets forcez, non compris les frais du Greffe qui feront employez par un feul article en la declaration de dépens.

L. Sera taxé à chacun des Procureurs des oppofans, afin de conferver aprés l'adjudication pour la requefte de diftribution, & tous droits & frais de procedures de comparutions pour reprefenter les titres, & prendre communication de l'ordre pardevant le Commiffaire, la fomme de fix livres, qui fe prendra comme frais hypotequaires, & lors qu'il y aura une Sentence d'Ordre, tous les frais de production du Procureur de chaque oppofant utilement colloqué, dont la collocation n'aura point efté conteftée, feront liquidez par la

Sentence d'Ordre à trois livres, fauf en cas que le titre ou la collocation de l'oppofant foit conteftée, à y eftre pourveu par la Sentence d'Ordre, en adjugeant les dépens; s'il y échet, contre celuy des creanciers perfonnellement qui aura formé une mauvaife conteftation, fans qu'il puiffe eftre pris fur la chofe.

LI. Tous les actes & procedures qui feront faits par les oppofans pour cotter le volume & enregiftrement de la faifie réelle, feront rejettez comme compris en la liquidation cy-deffus.

LII. Ne fera taxé au pourfuivant que fix remifes pour parvenir à l'adjudication, outre celle de l'écheance de la quarantaine, lefquelles remifes, enfemble toutes les fignifications pour l'inftruction des criées, fommations, & dénonciations, feront faites aux Procureurs des oppofans des parties faifies par les Audienciers du Chaftelet, & les fignifications taxées comme faites au Châtelet, ne pourront lefdits Audienciers les faire payer comme faites à domicile; & fera taxé cinq fols pour l'original & copie de chaque commandement d'apporter des titres.

LIII. Lors que l'ordre aura efté dreffé

par le Commissaire Commis par le Lieu-
tenaut Civil, s'il n'y a point de contestations entre les opposans, les Mandemens seront délivrez par le Commissaire
sans leur faire signifier l'ordre, ny le
Procez verbal d'ordre, & les arrerages
& interests des sommes dûës aux creanciers cesseront quinzaine aprés que l'ordre aura esté accordé, pendant laquelle
ceux qui se trouveront utilement colloquez prendront leurs Mandemens, si
bon leur semble.

LIV. S'il y a des contestations entre
les Opposans sur le Procez verbal du
Commissaire, ledit Procez verbal &
l'ordre seront signifiez à tous les Opposans dont les oppositions seront enre-
gistrées au Greffe, & inserées dans la
Sentence d'adjudication. Et sera taxé
au Procureur du poursuivant pour la
copie quinze deniers du rôlle de la grosse, le rôlle contenant deux pages, la
page vingt-deux lignes, & la ligne
quinze syllabes. En en cas que les pages
& les lignes ne soient pas ainsi rem-
plies, il en sera fait reduction par esti-
mation.

LV. Le Procureur poursuivant en fai-
sait signifier l'ordre & le Procez verbal,

declarera par le mesme Exploit aux Opposans qui n'auront produit leurs Titres ny pardevant le Commissaire, ny
parlé sur l'ordre que suivant la Sentence contr'eux obtenuë, ils sont forclos,
& que l'appointement & les procedures
sur les contestations ne seront point faites avec eux, sauf à intervenir au Procez d'ordre à leurs frais & sans repetition.

LVI. Le renvoy sera delivré par le
Commissaire au poursuivant, & ne sera
donné qu'avec ceux des Opposans au
Greffe qui auront produit ou comparu
devant luy, avec lesquels seulement l'appointement sera pris, & les procedures
faites en la maniere accoûtumée, sauf
aux autres Opposans à intervenir à leurs
frais & dépens, sans repetition, comme
il est dit en l'article precedent.

LVII. Aprés que les contestations de
l'ordre auront esté jugées par Sentence,
le Procureur poursuivant fera signifier
copie entiere de ladite Sentence aux
parties saisies & au plus ancien Procureur des Opposans. Et à l'égard des autres Opposans avec lesquels l'appointement aura esté pris, ou qui auront produit au procez, ne leur sera signifié que

ia copie des qualitez, & du difpofitif de ladite Sentence : Laquelle copie fera taxée à raifon de deux fols fix deniers du rôlle de la groffe de la Sentence, & à proportion pour les qualitez, & le difpofitif dont il aura efté donné copic.

LVIII. Quinzaine aprés la Sentence qui aura reglé les conteftations de l'ordre, à compter du jour du jugé, tous les interefts & arrerages des creanciers utilement colloquez cefferont, fauf leur recours contre le pourfuivant, en cas que faute d'avoir fait regler les frais il retarde l'expedition des Mandemens : lefquels frais il fera regler dans ladite quinzaine.

LIX. A l'égard des Oppofans qui n'auront point parlé au Procez verbal d'ordre, & qui n'auront point produit au procez y eftant intervenus, il ne leur fera donné aucune copie de la Sentence, qualitez ny difpofitif.

LX. Il fera taxé au procez d'ordre fix livres au pourfuivant, pour en prendre communication chez le Rapporteur, quelque nombre de facs qu'il puiffe y avoir.

LXI. Sera taxé fix livres au Procureur pour pareille fomme qu'il aura donnée au Clerc du Rapporteur pour la remife des facs d'un procez d'ordre.

C

LXII. Pour parvenir à la taxe des frais
& dépens extraordinaires de criées &
d'ordre, la declaration sera signifiée au
Procureur des parties saisies, au Procureur plus ancien des Opposans , sans
donner de nouveau copie de la Sentence
d'ordre : les articles seront accollez aux
termes de l'Ordonnance : & pour chacun des articles bons , sera taxé au poursuivant un sol , & moitié pour la declaration , & un sol pour article bon pour
l'assistance de chacun des Procureurs qui
aura droit d'y assister.

LXIII. Lors que pour payer les épices ,
façons, cousts & signature des Sentences d'ordre, & autres frais necessaires ,
il conviendra mettre quelque somme entre les mains du Procureur poursuivant,
ou au Greffe , il ne sera fait aucune procedure : mais sur la Requeste qui sera
presentée au Lieutenant Civil , il sera
décerné une Ordonnance de contrainte
contre le Receveur des Consignations ,
ou Commissaire aux saisies Réelles pour
délivrer la somme qu'il conviendra : Les-
quelles sommes ne seront point compri-
ses dans l'Executoire ; mais il en sera fait
mention sommairement en cas qu'il soit
fait aucune autre procedure, & n'entrera
point en taxe.

LXIV. Tous les frais qui se feront pour ou contre les Opposans en sous-ordre, feront pris sur la collocation de celuy sur lequel les oppositions auront esté formées : Ausquels Opposans ne sera donné aucune copie de pieces ; mais leur sera signifié un simple Acte de dénonciation. Et ne sera pris aucune chose sur le prix general de l'adjudication pour les autres procedures, mais sur la collocation particuliere, en cas qu'il vienne en ordre. Et où celuy sur lequel l'opposition en sous-ordre sera faite, ne seroit pas utilement colloqué, il sera tenu & condamné personnellement à rembourser les autres frais legitimes : Comme aussi en cas que l'Opposant en sous-ordre soit debouté de son opposition, les dépens seront par luy payez personnellement, sans que l'on puisse rien prendre sur le prix de l'adjudication.

LXV. Lors qu'il s'agira de faire des reparations és maisons & lieux saisis réclement, la demande n'en pourra estre faite que contre le poursuivant criées directement, lequel sera tenu de la dénoncer au Procureur des parties saisies, & au plus ancien Procureur des Opposans, par un simple Acte. Et lors qu'avec la demande il y aura des pieces ou Procez verbaux, il n'en fera donné copie qu'au Procureur des Parties faifies, & Procureur plus ancien des Oppofans, & copie feulement de l'Acte de dénonciation aux autres Oppofans, pour prendre communication des pieces s'ils le veulent, & fans frais, par les mains du Procureur plus ancien: l'Original duquel Acte de dénonciation fera taxé à raifon de dix fols du rôlle de minutte, le quart pour chaque copie dudit Acte, & les copies qui feront fignifiées aux parties faifies & Procureur ancien, à raifon de deux fols fix deniers du rôlle, ou par évaluation, en cas qu'il y ait plus ou moins de lignes, comme il eft dit cy-deffus.

LXVI. Les demandes pour reparations ne feront faites, dénoncées ny inftruites avec le Commiffaire aux faifies Réelles, ny par luy fait aucune Sommation ny contre-Sommation pour raifon defdites demandes, & les demandes afin de provifion feront faites contre le pourfuivant criées en la maniere cy-deffus au plus ancien Procureur des Oppofans, pour lefquels fera taxé comme deffus. Et où il en feroit, ne feront paffez en taxe.

FAIT & arrefté au Confeil Royal des Finances, tenu à Verfailles le fixiéme jour de May 1690. Signé, COLBERT.

ARREST DE LA COUR

DE PARLEMENT,

Portant défences à tous Procureurs, leurs Clercs & Commis du Commissaire aux Saisies réelles, de prendre aucuns Baux judiciaires des biens saisis réellement.

Du 22. Juillet 1690.

Extrait des Registres de Parlement.

SUR ce qui a esté remontré à la Cour par le Procureur General du Roy, que bien que suivant l'Article CXXXII. de l'Ordonnance de Blois les Procureurs dans les Jurisdictions où ils exercent leurs Offices, & les Solliciteurs ne puissent estre adjudicataires des fruits saisis par Justice, ou cautions pour les Fermiers adjudicataires d'iceux, directe-

A

ment ou indirectement, à peine d'estre privez tant des émolumens des adjudications & fermes, que de leurs états & Offices : Neanmoins il arrive tous les jours, qu'en contrevenant à cette Ordonnance, plusieurs Procureurs de la Cour & leurs Clercs, se rendent adjudicataires des Baux judiciaires, ou cautions pour lesdits adjudicataires d'iceux ; ce qui apporte un préjudice tres-considerable au bien de la justice ; aussi-bien que de souffrir que des personnes au dessous de l'âge de 25. ans accomplis, qui sont incapables de s'obliger & contracter tant en Jugement que hors Jugement, & les Commis du Commissaire aux saisies réelles puissent estre adjudicataires & cautions des Baux judiciaires, non plus que les septuagenaires, qui ne peuvent estre contraints par corps comme adjudicataires & cautions de Baux judiciaires ; puisque par l'Article IX. du Titre XXXIV. de la décharge des contraintes par corps de l'Ordonnance du mois d'Avril 1667. ils ne peuvent estre emprisonnez pour dettes purement civiles. Ledit Procureur General du Roy ouy, ses conclusions, & retiré, la matiere mise en déliberation :

3

LA COUR a fait défenses à tous Procureurs d'icelle, leurs Clercs & aux Commis du Commissaire aux saisies réelles, de prendre directement ny indirectement aucuns Baux judiciaires des biens immeubles saisis réellement, ou sequestrez par autorité de Justice, dans les Jurisdictions où ils sont établis, s'en rendre cautions, si ce n'est à l'égard des biens à la saisie réelle desquels ils sont opposans en leurs noms en qualité de creanciers de leur chef; auquel cas seulement ils pourront faire encherir & se rendre cautions des adjudicataires. Ne pourront aussi les mineurs de 25. ans, ny les septuagenaires se rendre adjudicataires ou cautions des Baux judiciaires, à peine de nullité desdits Baux : outre laquelle peine de nullité, en cas de contravention au present Reglement, seront & demeureront lesdits Clercs incapables d'estre receus à l'état & Office de Procureur, & les Procureurs titulaires interdits de leurs Charges pour la premiere fois pendant six mois, & en cas de recidive privez d'icelles; & lesdits Commis du Commissaire aux saisies réelles d'icelles punis exemplairement, & les uns & les autres privez des émolumens des

fermes & adjudications, & neanmoins
contraints payer le prix d'icelles au pro-
fit des creanciers & à la décharge des
parties saisies pendant que lesdits Baux
auront duré. Et sera le present Arrest lû
& publié dans tous les Bailliages, & en
la Communauté des Avocats & Procureurs de la Cour. FAIT en Parlement
le 22. Juillet 1690. *Signé par collation,*
Du TILLET.